Міхаель Лайтман

Казка про Доброго Чарівника

(не тільки для дітей)

Чи знаєте ви, чому казки розповідають лише старці?
Тому що казка – це наймудріше в світі!
Адже все минає, і тільки справжні казки залишаються...

Казка – це мудрість.

Щоб розповідати казки, потрібно дуже багато знати,
Необхідно бачити те, чого не бачать інші,
А для цього потрібно довго жити.
Тому тільки старці вміють розповідати казки.
Як сказано в основній, великій древній книзі чар:

«Старець – це той, хто знайшов мудрість!»

А діти...
Вони дуже люблять слухати казки,
Тому що є в них фантазія і розум
Думати про все,
А не тільки про те, що бачать усі.
І якщо дитина виросла,
Але все ж бачить те, чого не бачать інші,
Вона знає, що фантазія – це істина!
І залишається дитиною, мудрою дитиною.
І називається «Старцем, що пізнав мудрість».
Як сказано у великій прадавній книзі чар –
Книзі Зоар.

Був собі чарівник
Великий, особливий, гарний та дуже-дуже добрий...
Але він був один, і не було нікого,
хто б був поруч з ним,
Не було нікого, з ким би він міг гратися,
До кого б міг звернутися,

Хто б також звернув на нього увагу,
З ким би він міг поділитися всім,
Що в нього є.
Що ж робити?..
Адже так сумно бути одному!

Задумався він: «А що, якщо я створю камінь?
Хоча б дуже маленький, але гарний?
Може, цього буде достатньо мені?
Я буду його гладити і відчувати,
Що є хтось поруч зі мною,
І тоді удвох нам буде добре,

Адже так сумно бути одному…»

Зробив він «Чак!» своєю чарівною паличкою –

I з'явився поруч з ним камінь,
Точнісінько такий, як задумав.
Гладить він камінь, обіймає його,
Але той ніяк не відповідає, не рухається,
Навіть якщо вдарити камінь чи погладити його –
Він залишається, як і був, байдужим!
Як же товаришувати з ним?

Почав пробувати чарівник робити ще каміння,
Інше та різне,
Скелі та гори, землю та сушу,
Земну кулю, сонце та місяць.
Заповнив камінням увесь всесвіт...
Але усі вони як одне каміння:
Немає від них ніякої відповіді.
І, як колись, він відчував,

Як сумно бути одному...

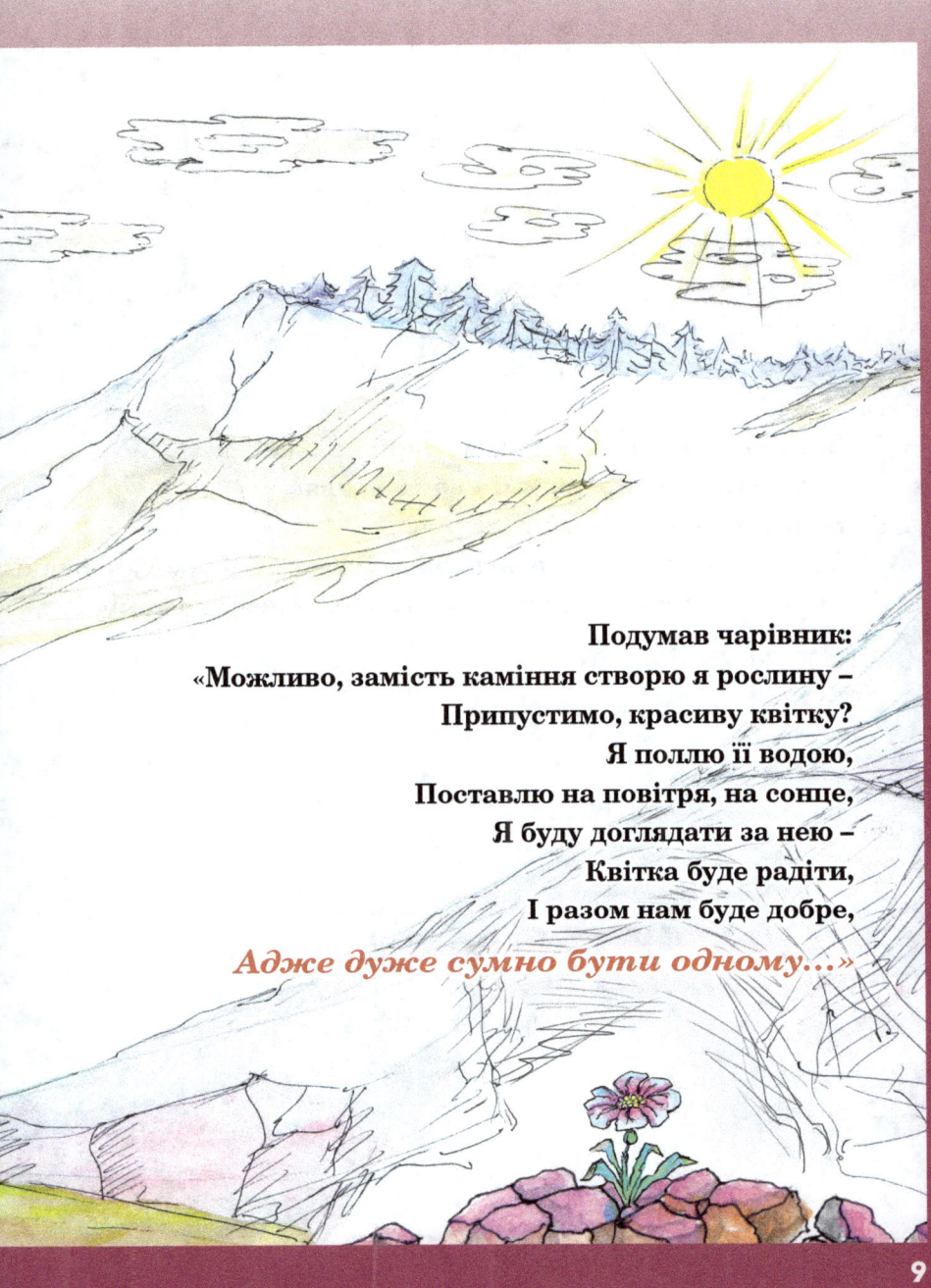

Подумав чарівник:
«Можливо, замість каміння створю я рослину –
Припустимо, красиву квітку?
Я поллю її водою,
Поставлю на повітря, на сонце,
Я буду доглядати за нею –
Квітка буде радіти,
І разом нам буде добре,

Адже дуже сумно бути одному...»

Зробив він «Чак!» чарівною паличкою –

І з'явилась перед ним квітка,
Точнісінько така, як хотів.
Почав він від радості танцювати перед нею –
А квітка не танцює, не кружляє,
Майже не відчуває його.

Вона реагує тільки на те, що чарівник дає їй:
Коли чарівник поливає її – вона оживає,
Не поливає – вона вмирає.
Але як можна так скупо відповідати такому доброму чарівник
Який готовий віддати все своє серце!.. Але нема кому...

Що ж робити?..

Адже так сумно бути одному!..

Почав чарівник створювати усілякі рослини:
Великі та малі, сади та ліси, гаї та ниви...
Але усі вони як одна рослина –
Ніяк не відповідають йому.
І, як і раніше, *дуже сумно бути одному...*

Думав чарівник, думав та придумав:
«А якщо я створю яку-небудь тварину?
Яку саме? – Краще за все песика. Так, песика!

Такого маленького, веселого, лагідного.
Я весь час буду з ним гратися,
Ми підемо гуляти, і мій цуцик буде бігати,
І попереду, і позаду, і навколо мене.
А коли я буду повертатися додому, в свій замок,
Так от, коли я буду повертатися в наш замок,
Він вже заздалегідь вибіжить мені назустріч.

I так добре буде нам разом,
Адже так сумно бути одному!»

Зробив він «**Чак!**» чарівною паличкою –

І з'явився поруч з ним песик –
Точнісінько такий як хотів.
Почав чарівник піклуватися про нього:
Давав їсти та пити, обіймав його,
Мив і водив гуляти –
Все робив задля нього...
Але любов собача...
Уся вона тільки в тому,
Щоб бути поруч з ним,
Лежати біля ніг, ходити за ним.

Побачив чарівник з жалем,
Що навіть песик,
З яким він так добре грається,
Все ж не здатний повернути йому ту любов,
Яку чарівник дає йому.

Він просто не здатний бути його другом,
Не здатний оцінити,
Що чарівник робить для нього!
Адже цього так бажає чарівник!

Почав він створювати навколо себе
Риб та ящурів, птахів та тварин.
Але стало тільки гірше:
Ніхто не розуміє його.
І, як і раніше, сумно йому одному…

Довго міркував чарівник та зрозумів:
«Справжнім другом може бути тільки той,
Хто дуже буде потребувати мене
І буде шукати мене.
Це повинен бути хтось,
Хто зможе жити як я,
Хто все зможе робити як я,
Зможе любити як я,
Розуміти як я.
Тільки тоді він зрозуміє мене! –

Але бути як я?.. ммм...
Хто ж може бути таким, як я:
Щоб оцінив те, що я даю йому,
Щоб зміг відповісти мені тим же,
Адже і чарівник потребує любові.
Хто ж може бути таким,
Щоб разом нам було добре,

Адже так сумно бути одному!..»

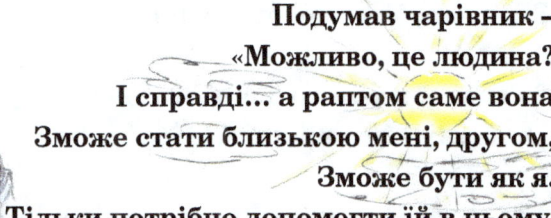

Подумав чарівник –
«Можливо, це людина?
І справді... а раптом саме вона
Зможе стати близькою мені, другом,
Зможе бути як я.
Тільки потрібно допомогти їй в цьому.
І тоді вже разом нам буде добре,

Адже так сумно бути одному!..

Але щоб разом було нам добре,
Вона повинна спочатку відчути,
Що значить бути самотньою, без мене,
Відчути, як я... без неї,

Наскільки сумно бути одному!..»

Знову зробив чарівник «Чак!» –

І з'явилось далеко від нього місце,
І в ньому – людина...

Але людина настільки далека від чарівника,
Що навіть не відчуває, що є чарівник,
Який створив її і все для неї:
Каміння, рослини, тварин і птахів,
Будинки і гори, ниви і ліси,
Місяць і сонце, дощик і небо,
І ще багато чого... увесь світ...

Навіть футбол та комп'ютер!
Все це має людина...
А от чарівник так і залишився один...

А як сумно бути одному!..

А людина... навіть не підозрює,
Що існує чарівник,
Який створив її,
Який любить її,
Який чекає та кличе її:
«Гей, невже ти не бачиш мене!?
Адже це я.. я все тобі дав,
Ну, ходи ж до мене!
Вдвох нам буде так добре,

Адже сумно бути одному!..»

Але як може людина, якій і так добре,
У якої є навіть футбол і комп'ютер,
Яка не знайома з чарівником,
Раптом захотіти знайти його,
Познайомитися з ним,
Зблизитися і здружитися з ним,
Полюбити його, бути його другом,
Бути йому близькою,
Також сказати чарівнику:
«Агов!.. Чарівник!..
Йди до мене, разом буде нам добре,

Адже сумно бути без тебе одному!..»

Адже людина знайома лише з такими, як вона,
Тільки з тим, що навколо неї.
Вона знає, що потрібно бути, як усі:
Робити те, що роблять усі,
Говорити так, як говорять усі,
Бажати того, що бажають усі.
Великих – не злити, гарно просити,
Вдома – комп'ютер, на вихідних – футбол,

І все, що вона хоче, в неї є!
Навіщо їй взагалі знати,
Що є десь чарівник,

Якому сумно без неї?..

Але чарівник – добрий та мудрий,
Слідкує він непомітно за людиною...

...Та от в особливу мить...
Тихо-тихо, повільно, обережно

Робить...
«Чак!» своєю паличкою...

І от вже не може людина
Жити як раніше,
І ні футбол, ні комп'ютер тепер
Не на радість їй.
І хоче, і шукає вона чогось,
Ще не розуміючи, що це чарівник
Проник маленькою паличкою
У серце її, кажучи:

«Ну!.. Давай же,
Іди до мене, разом буде нам добре,
Адже тепер і тобі сумно бути одній!..»

І чарівник, добрий та мудрий,
Знову допомагає їй:

Ще один тільки «Чак!» –

І людина вже відчуває,
Що є десь чарівний замок,
Повний усіляких добрих чудес,
І сам чарівник чекає її там,
І тільки разом буде їм добре...

Але де той замок?
Хто вкаже мені шлях до нього?
Як зустрітися з чарівником?
Як знайти мені його?

Постійно в її серці: «Чак!.. Чак!»,

І вже не може вона ні їсти, ні спати,
Скрізь ввижається їй замок з чарівником,
Та зовсім вже не може бути одна,
А разом їм буде так добре!..

Але щоб стала людина як чарівник,
Мудрою, доброю, люблячою, вірною –
Вона повинна вміти робити все,
Що вміє робити чарівник.
Повинна в усьому бути схожою на нього.
Але для цього «Чак!» уже не годиться –
Цьому людина повинна сама навчитись.
Але як?..
Тому чарівник непомітно… обережно,
Повільно і ніжно…

«Чак–чак… Чак–чак…»

Тихенько веде людину
До великої древньої
книги чар,
Книги Зоар…

А в ній усі відповіді на все-все,
Весь шлях, як все робити,
Щоб було, нарешті, добре,

Скільки ж можна бути одному…

І людина квапиться швидко-швидко
Пробратися в замок, зустрітися з чарівником,
Зустрітися з другом, бути поруч з ним,
Сказати йому: «Ну!..

Разом нам буде так добре,
Адже так погано бути одному…»

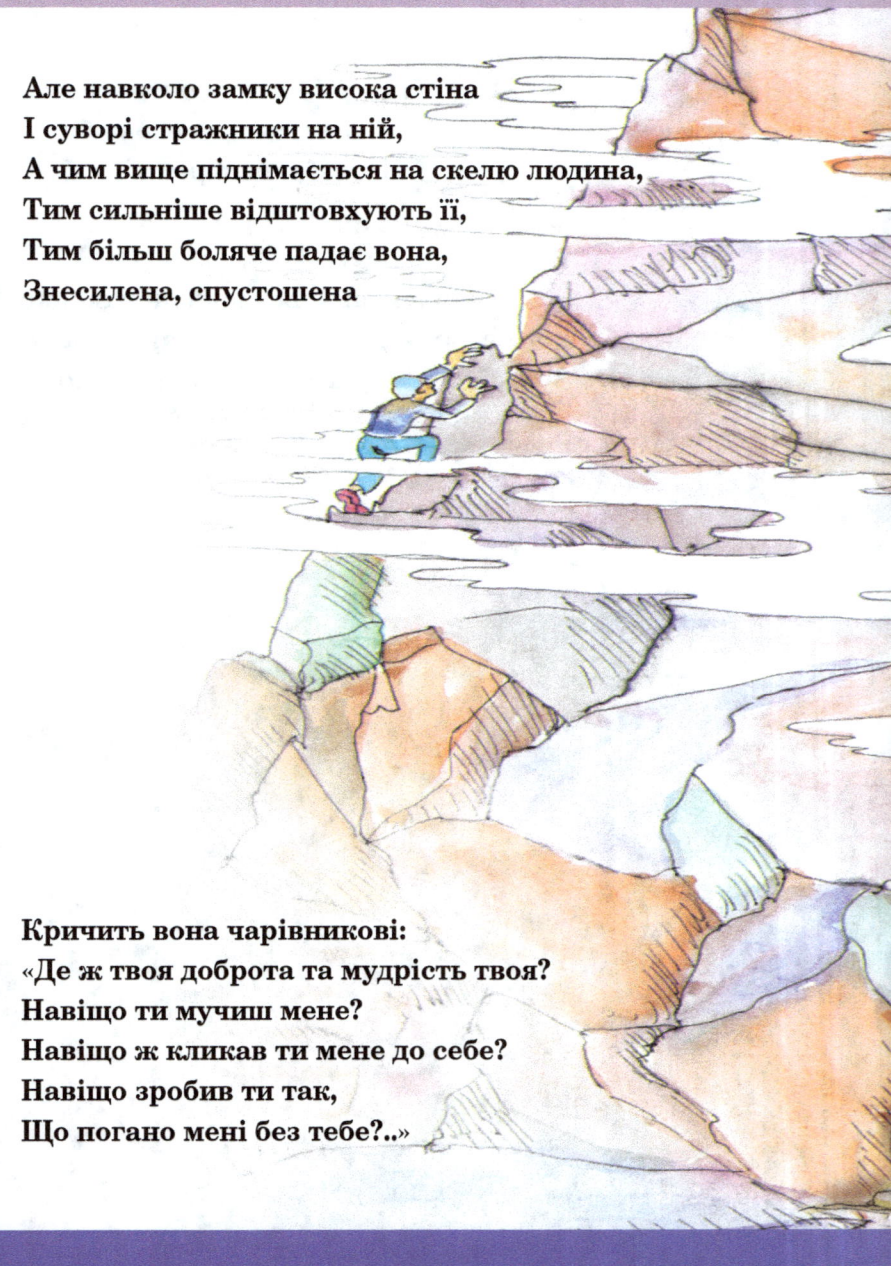

Але навколо замку висока стіна
І суворі стражники на ній,
А чим вище піднімається на скелю людина,
Тим сильніше відштовхують її,
Тим більш боляче падає вона,
Знесилена, спустошена

Кричить вона чарівникові:
«Де ж твоя доброта та мудрість твоя?
Навіщо ти мучиш мене?
Навіщо ж кликав ти мене до себе?
Навіщо зробив ти так,
Що погано мені без тебе?..»

Але... Раптом відчуває? «Ча...ак!» – і знову

Вона прагне вперед, вгору по стіні.
Обійти охоронців, піднятись на стіну,
Ввірватись у замкнуті ворота замку,

Знайти свого чарівника...

І від усіх ударів та невдач,
Знаходить вона силу, завзятість,
Мудрість.
Раптом з розчарування росте бажання...
Вона вчиться сама робити усі чудеса,
Які робить чарівник,
Вона сама вчиться створювати те,
Що міг тільки чарівник!

З глибини невдач росте любов,
І бажає вона понад усе тільки одного:
Бути з чарівником поруч, бачити його,
Усе віддати йому, нічого не потребуючи натомість.
Адже тільки тоді буде їй добре,

І зовсім нестерпно бути одній!..

І коли вже зовсім не може без нього,
Відкриваються найбільші ворота,
І з замку назустріч їй
Поспішає чарівник, кажучи:
«Ну! Де ж ти був! Йди до мене!
Як нам буде тепер добре!
Адже ми обидва знаємо як погано,

Як сумно бути одному!»

З тої хвилини вони вже завжди разом,
Вірні, нерозлучні та люблячі друзі,
Немає почуття вищого і глибшого за їхнє,
А любов настільки заповнює серця,
Що не може навіть пригадати ніхто,
Про те як сумно бути одному!..

Якщо хтось з Вас в серці своєму

Чує тихо: «...чак ...чак»

(Хай кожен уважно прислухається),
Що головне в житті – зустріч з чарівником,
З'єднатись, злитись з ним,
Що тільки тоді буде Вам добре,
А поки що так сумно та погано,
Звертайтесь до помічників чарівника.

Ми чекаємо...

Ваші «Чак-чак»...

М. Лайтман

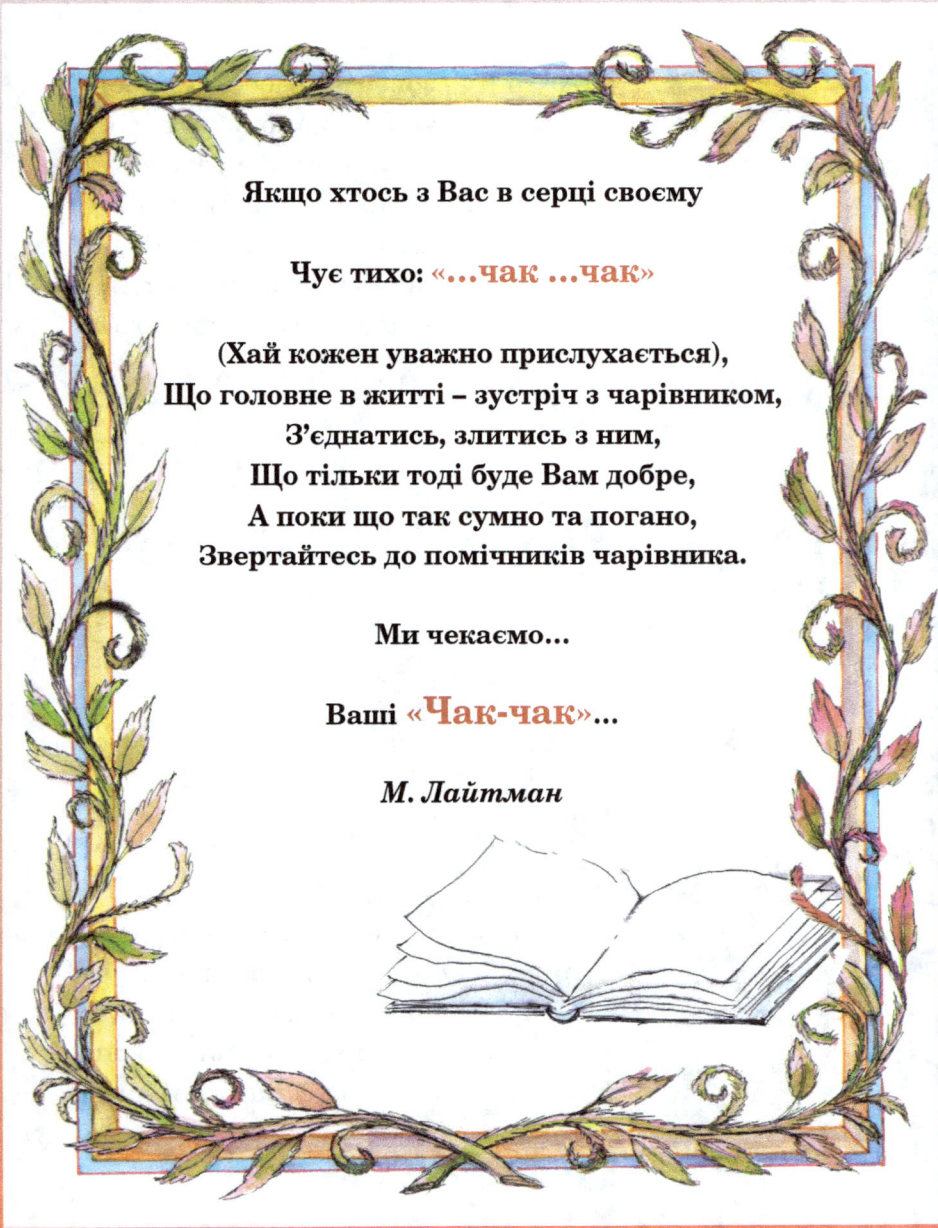

www.ingramcontent.com/pod-product-compliance
Lightning Source LLC
Chambersburg PA
CBHW072210100526

44589CB00015B/2466